―――――

*Ich widme dieses Buch meinen Kindern,
Enkelkindern und allen Menschen,
die auf der „Suche" sind und oft gar nicht
so recht wissen, wonach ...*

―――――

Impressum

© 2022, Eckart Warnecke

Herstellung und Verlag: BoD – Books on Demand, Norderstedt

Zwei-Ecken-Verlag

Alewinstraße 28, 29525 Uelzen

Mail: Zwei-Ecken-Verlag@posteo.de

ISBN 9783754338315

Covergestaltung

by Atelier Karoline Winter

Colorsandharmony.de

Bilder und Illustrationen im Buch

Eckart Warnecke

Lektorat

Marion Scholz

2. Auflage Januar 2022

Momente fürs Bewusst-Sein

Vom Wesen der Ganzheit will ich erzählen,
so könnt ihr dann selbst eure Zukunft auswählen.
Euch selbst verurteil'n, das sollt ihr mitnichten,
vielleicht mal auf einige Dinge verzichten.
Dies Büchlein, das will euch mit Tiefe beschenken,
euren Geist auf den Weg der Bewusstheit neu lenken.

Übersicht

Ein Tag im Oktober

Ein Tag im Oktober einem Lebenslauf gleicht,
er kaum oder gar nicht vom Leben abweicht.
Dies nicht nur zu wissen, sondern wirklich ausleben,
würde uns viel mehr an Achtsamkeit geben.
Die Nacht währet lang, bis der Morgen aufsteigt,
mit Kälte beginnt er, bis die Sonne sich zeigt.
Genauso geht's uns, wo im Bauch wir verweilen,
es liegt uns fern, uns unnütz zu eilen.
Am Anfang des Tages oft der Nebel aufzieht,
auch Babys kaum wissen, was draußen geschieht.
Die Sonne beginnt schon bald aufzusteigen,
auch kleine Kinder woll'n früh uns was zeigen.
Gen Mittag die Lüfte aktiver werden,
auch Teenager nehmen Anteil vermehrt hier auf Erden.
Um kurz nach 12 die Wärme sich steigert,
der Mensch ist erwachsen, vor nichts er sich weigert.
Der Nachmittag beginnt mit Entschleunigung,
auch ältere Menschen verlier'n langsam an Schwung.
Schon ruft der Abend, es wird deutlich kälter,
die Jahre vergehen, man wird immer älter.
Das Taglicht versteckt sich, wird zunehmend schwächer,
als Rentner bezieh'n wir jetzt ruhige Gemächer.

Nun dehnt sich die Nacht, es wird leider düster,
die Krankheiten kommen, es wird immer wüster.
Und irgendwann schlägt fern die Kirchenuhr zehn,
schließ deine Augen, es wird Zeit nun zu geh'n.
Was ab jetzt passiert, im Dunkeln verbleibt,
die Seele hat Ruh', doch sie bleibt stets bereit.
So zeigt sich tatsächlich wie außen so innen,
uns'rem Schicksal letztendlich wir niemals entrinnen.

Vor Leichtigkeit schweben

Vor Leichtigkeit schweben, ohne Absicht und Ziel,
die Sorgen vergessen, sowas kostet nicht viel.
Das Dunkle verschwindet, nach vorn schau'n das geht,
den neuen Weg finden, es ist nie zu spät.

Trübsal, das war mal, liegt Zeiten zurück,
ab jetzt richtig starten, mit Sehnsucht nach Glück,
seine Ausrichtung ändern und positiv suchen,
das Alte lass los, anstatt darauf zu fluchen.
Die Seele darf frei sein, die Enge verlassen,
sie darf sich ein neues Denken verpassen.

Lust auf mehr Freiheit, himmlischer Garten,
es lohnt sich nicht länger darauf zu warten.
Vor Leichtigkeit schweben, sich von außen betrachten,
sich in sich selbst freuen, das wär' zu beachten.
Im Hier und Jetzt leben, sich am Alltag erfreu'n,
dem and'ren was geben, man wird's nicht bereu'n.

Vor Leichtigkeit fliegen, die Ängste besiegen,
das Eins-sein genießen in groben Zügen.
Was will ich noch and'res, ich kann's nicht mehr blicken,
mehr noch, das könnt nur der Himmel mir schicken.

Von Selbstverständlichkeit umgeben

Von Selbstverständlichkeit umgeben,
als „normal" angesehen, was immer schon war.
Kein Blick für das Wunder im jetzigen Leben,
hinterherlaufen, das macht sie, die Menschenschar.
Statt zu verstehen: Nichts kommt von selbst her,
den Missmut ausleben, der Schmerz trifft bald sehr.

Warum nie bedankt für das Lebensglück,
als banal angesehen, nichts kommt mehr zurück.
Wie oft wollt' man's drehen, das Lebensrad,
zu spät eingesehen, den irrigen Pfad.
Wo das ‚Haben' regierte,
man das ‚Sein' nur negierte,
wo Profit und Gier alles darnieder ringen
und den Großteil der Menschheit in Armut bringen,
da herrscht kein Gemeinsinn, keine Lebensfreude pur.
Es fehlen das Lachen, die Lust auf Natur.
Längst steigen wir abwärts in trostlose Täler,
nie dankbar zu sein, ein gefährlicher Fehler.
Die Zukunft verbauen, da sind wir selbst Täter,
wie's besser hätt' geh'n können, das merkt man erst später.

Der neue Morgen klopft an

Der Morgen klopft an, vorbei ist die Nacht,
erholsam geschlafen und lustvoll erwacht.
Vorbei jetzt die dauernden Seelenschmerzen,
den Fokus verändert auf die Liebe im Herzen,
auf heilsames Denken und Zukunftsbilder,
das Bewusstsein neu lenken, so lebt sich's gesünder.

Wenn Zufriedenheit regiert, kein Haben-wollen,
man loslässt die Gier und all sein Grollen.
Kein Burnout, kein Leiden, kein Verzweifelt-sein,
zuerst warst du damit zwar ziemlich allein,
doch nach diesem Anfang begann Tag für Tag,
das Glück mehr zu scheinen, so wie man es mag.

Warum nicht mal anders

Die Perspektive gewechselt, jedes Ding hat zwei Seiten,
ist dies mal verstanden, so wird es dich leiten.
Wer die Wahrheit hinter der „Wahrheit" erkennt,
sie mit klarem Bewusstsein beim Namen nennt,
kann kaum noch zurück, sein Geist wird sich weiten,
wird überdauern daselbst auch in freudlosen Zeiten.
Denn vorn auf der Bühne, da läuft's immer schlechter,
jedoch hinter'm Vorhang da herrscht laut' Gelächter.
Weil immer noch Angst unsern Alltag beschleicht,
ist somit selbst heute noch nicht viel erreicht.

Sei deshalb ein Bote, ein Wahrheitsverkünder,
du bleibst dir gerechter und lebst so gesünder.
Das Blatt wird sich drehen, nicht heut', eher morgen,
hör' auf zu verzagen, lass' sie fallen, die Sorgen.
Die Wahrheit wird siegen, hat ein langes Gedächtnis,
du kannst sie jetzt stärken, sie ist dein Vermächtnis.

Deutschland !

Fanden sich einst hier die Dichter und Denker,
dominiert heut' oft Spaltung mit viel Gestänker.
War'n es einst Nazis, die andere traten,
so sind's heut' die Schlauen, die nach oben geraten.
Es besser zu machen, das ist jetzt ihr Ziel,
wird's die Nachwelt mal loben, noch weiß man nicht viel.
Wie's die Obrigkeit anspricht in einseit'ger Form,
wie's die Medien vorgeb'n, das wird jetzt zur Norm.
Moral geht verloren, man will's nur nicht sehen,
dass riesige Gelder dahinterstehen.
Wo einst der Fleiß im Mittelpunkt stand,
zeigt heut' eine Menge die bedürftige Hand.
Wo man das Wort „Heimat" nur noch ungern benutzt,
das Land seiner Geburt oft absichtlich beschmutzt,
wo Kinderlachen zur Seltenheit wird,
durch Streben nach Wohlstand die Freude abstirbt,
wo schöne Gebäude viel Fortschritt bedeuten,
woanders jedoch zunehmend Armut einläuten,
ist das dann noch gut, wie ich's früher mal fand
oder ist es geworden zum fremden Land?

Unter den Füßen hör' ich raschelnde Blätter

Unter den Füßen hör ich raschelnde Blätter.
Wie gut tut das Wandern zur Herbstenzeit.
Natürlich wär' Sonne statt Nebel jetzt netter.
Vermittelt mir Klarheit und Sicherheit.
Regelmäßig zu wandern, das befreit meine Seele.
Keine E-Mails, kein Handy, bloß keine Termine.
Sehnsüchtig ich mir das morgens empfehle.
Spazieren zu geh'n wird jetzt zur Routine.
Wie schön, ach sie klingen, die trockenen Blätter.
Ich bedaure die Vielen, die heut' kaum noch wandern.
Bewegung tut gut selbst bei schlechtestem Wetter.
Nur draußen, da spür' ich die Nähe der andern.
Tät gern den Jacobs- und den Malerweg gehen,
Straßen, die braucht der Wand'rer mitnichten,
mir wieder Natur aus der Nähe besehen.
Könnt' niemals auf Dauer ganz darauf verzichten.
Gedankenversunken die Natur anvisieren,
wir lieben die Stille der freien Wälder,
Behausungen, sie bräuchten nicht zu existieren,
viel schöner für uns sind die Wiesen und Felder.
Wo Herbstluft dein Gemüt ergreift,
erst kritisches Denken bringt uns wieder in Schwung.

Wer kennt das, wenn Offenheit in einem reift,
so hält das Wandern uns dauerhaft jung.
Es Frohsinn macht, die Kraft zu spüren,
auch nach langem Wandertag.
Brauch' meiner Schwäche mich nicht zu zieren,
ist so was wie ein Brückenschlag.

Mich nervt all' die Hetze

Mich nervt all' die Hetze rechter Gestalten,
die Gewalt der Linken ist schwer auszuhalten,
gekaufte Medien, die über Missstände berichten,
das Ganze jedoch oft einseitig belichten.

Wo ist sie geblieben, die Freiheit, die Liebe?
Geht langsam verloren, heut' herrschen oft Diebe.
Gesetze, sie sollen durch's Leben führen,
verlieren den Sinn, ohne uns zu berühren.

Wo Moral geht verloren,
da herrschen oft Toren.
Verständnis für's Ganze inzwischen uns fehlt,
schneller Erfolg ist's, was heut' nur noch zählt.
Gesucht werden muss wieder die heilsam' Idee,
die uns verbindet seit eh und je.
Kommt steht auf und seid gescheit,
unterstützt und lebt wieder die Menschlichkeit.

„Der größte Schaden entsteht durch die schweigende Mehrheit, die nur überleben will, sich fügt und alles mitmacht.“
Sophie Scholl

Ein Land, wo nur noch ...

Ein Land, wo nur noch das Studium was gilt,
Versagerinnen man die anderen schilt,
ein Land, wo nur noch der Bildschirm regiert,
vor harter Arbeit sich so mancher jetzt ziert.
Ein Land, wo das Vergleichen der Arbeit von andern,
als Gewinne auf die eigenen Konten wandern.
Ein Land, wo schlaue Mädchen flanieren,
und zunehmend Männer die Frauen kopieren.
Ein Land, wo wenige Kinder geboren werden,
wo Lehrer sich über tobende Schüler beschweren,
ein Land, wo die Alten das Sagen haben,
wo immer mehr Menschen zu den Tafeln hin traben.
Ein Land, das ganz viel von all' diesem hat,
wo Fleißige fehlen, setzt selbst sich schachmatt.

10 Mit dir geht die Welt niemals verloren

Mit dir geht die Welt niemals verloren,
mit dir herrscht immer Sonnenschein.
Mit dir fühl' ich mich tief geborgen,
mit dir bin niemals ich allein.
Hinter all' den Ängsten stehen Sorgen,
vielleicht müssten sie nicht sein,
dunklen Nächten folgt ein Morgen,
darauf sollten wir uns freun.

11 **Warum Kriege führen?**

Warum ständig Kriege führen,
muss das wirklich immer sein?
Öffnet doch mal and're Türen,
sonst sterben alle, seht das ein!
Wozu Aggressionen führen,
haben wir genug geseh'n,
lieber Mitgefühl platzieren,
viel wird dann von selber geh'n.

Wer von Freiheit ständig predigt,
dies auf seine Fahne schreibt,
wird erkannt als „moral-geschädigt",
wenn er dies mit Kampf betreibt.
Jemand, der verkündet laut,
„Ich bin stark, ich darf das tun.",
dabei and're nur beklaut,
kann am Ende kaum noch ruh'n.
Warum sind Geschichtenbücher
voll mit Zahlen kriegerisch?
Wer denkt an die Tränentücher?
Eltern bald allein am Tisch.

12 Die Angst als Gefährtin

Was ist es, was da meinen Brustkorb beschleicht,
was mir nicht mehr von meiner Seite weicht?
Ein dumpfer Zauber, eine Marotte der Natur?
Alles so dunkel, von Licht keine Spur.
Dieses ungute Gefühl, dieses Grummeln im Bauch;
was wird mich erwarten, haben and're das auch?
Wenn der Blick in die Zukunft nichts Gutes verheißt,
jeder Gedanke an morgen neue Bedrängnis aufreißt,
wenn's genügend Gründe für Sorgen gibt
und man alles, was geht, lieber auf morgen verschiebt.
Wo kommt es her, was ist der Sinn?
Eine Bestrafung, eine Hilfe, wo bringt mich das hin?
Wo Hoffnung in den Startlöchern stecken bleibt,
wo sich das Böse das Gute einverleibt,
kein Licht am Ende des Tunnels, von Erlösung keine Spur,
wie ein Wandler zwischen zwei Welten,
wozu tendiere ich nur?

Diese bleierne Enge, diese Sorge im Kopf,

kann nichts mehr denken,

mir die Seele verrenken.

Bleib' wohl auf ewig ein armer Tropf.

Keinen Ausweg zu sehen,

die Wochen vergehen.

Ohne Sinn, ohne Ziel,

womöglich ist das mein Ende vom Spiel?

Doch da ein „Ende" auch einen Anfang bedeutet,

wo die Talsohle gleichzeitig den Aufstieg einläutet,

wo Angst in Versöhnung übergeht

und die Mühsal langsam auch Früchte trägt.

Da hörst du es von ganz oben her tösen,

wer immer strebsam sich bemüht, den können wir erlösen.

13 Eine Seele der Stille

Auf der Reise durch dein Leben
hast du dich wohl oft gefragt,
wer du bist, wenn ja, wie viele?
Niemand hat es dir gesagt.

Über viele stille Stunden,
du mit dir gerungen hast.
Noch hast du es nicht gefunden,
das, mit dem du Ruhe gabst.

Zweigeteilt verläuft dein Leben,
hier die Arbeit, dort der Sinn.
Muss es nicht noch weit'res geben,
einen Weg zur Einheit hin?

Kraft zu schöpfen aus der Stille,
dies besonders wirken kann.
Hierin also liegt der Wille,
mach' es besser, fang gleich an!

14 Meditation

Ruhige Einsamkeit zu lieben,
so was zieht zur Freiheit hin.
Auch wenn Träume oft zerstieben,
bringt Alleinsein gut Gewinn.

Sich erhalten kritisch' Denken
und beweisen Achtsamkeit,
andere die Moral verrenken.
„Nein" ihr Freunde, seid bereit!
In der Ruhe liegt die Würze,
in der Stille liegt viel Kraft.
Auch wenn's Leben sich verkürze,
gut schon ist es, wenn man's schafft.

Stundenlang am Boden hocken,
in dem Wunsch, das Nichts zu fassen,
mag nicht jeden voll anlocken,
so dass viele dies' noch lassen.

Zeit ist keine Ewigkeit,
manche mögen's anders sehen,
du jedoch bleib schön gescheit,
magst jetzt ruhig nach vorne gehen.

Wenn das Atmen Ruhe findet,
dein Bewusstsein klarer wird.
Wenn der Geist recht weit entschwindet,
deine freie Seele schwirrt.

Nur nicht weiter so !

Das Ende vor Augen,
der Regen, der nicht fällt,
Regierungen, die nichts taugen,
für die eig'ner Machterhalt nur zählt.
Wie viele Waldbrände woll'n wir noch zählen?

Die Hitze sich steigert Jahr für Jahr.

Konsum und Wachstum weiter wählen

oder stärken die junge Retterschar?

Die Meere, sie steigen zwar nur Millimeter,

ein Umstand, der sich kaum merklich vollzieht,

doch ohne zu stoppen die Missetäter,

wir werden zu Opfern, wie man's jetzt schon sieht.

Elektrisch fahren, ein Schildbürgerstreich?

Woher soll er kommen, der viele Strom?

Knappe Ressourcen wir sehen alsgleich;

oder wär's doch besser mit altem Atom?

Durch immer mehr Menschen der Platz wird enger,

auch Afrikaner sollten dies seh'n,

schon werden die Maßnahmen zunehmend strenger,

damit dies die Pflanzenwelt wird übersteh'n.

Die Menschenrechte werden ganz hoch gehalten,

doch haben die Pflanzen nicht auch eine Würde?

Wie wär's, uns moralisch umzugestalten

und dann überwinden die moralische Bürde?

Ohne das Laub an den Bäumen,

uns das Atmen schwerer fällt.

Es gilt falsches Denken schnell abzuräumen,

damit's weitergeht hier auf unserer Welt.

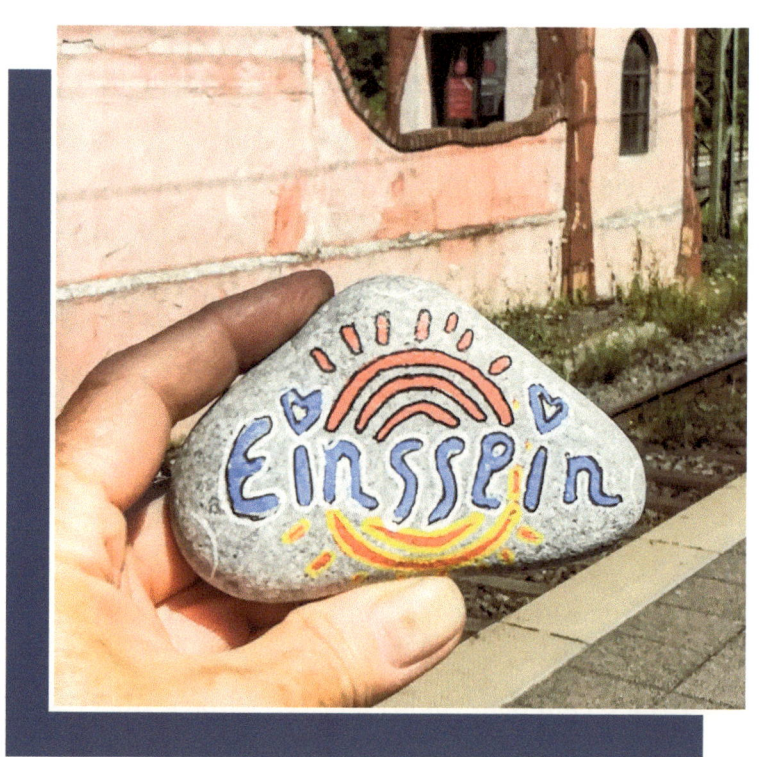

Seine Quelle finden

Seine Quelle zu finden,

nicht leicht zu ergründen.

Das Geheimnis erkennen,

anstatt weiter zu rennen.

Ein Findling dir die Sicht versperrt,

dran zu rütteln, wenig ist's wert.

Die Weisheit des Geistes, sie kann dich leiten,

begleitet dich doch schon durch ewige Zeiten.

Sei dir dein Guru, dein Wahrheitsfinder,

mal im Regen zu steh'n ist oft viel gesünder.

Was soll all' das Zetern, das ewige Klagen,

nach innen zu schau'n, das solltest du wagen.

Die Dummheit der Gier

Stell' dir mal vor, einen jungen Tor.
Reich wollte er werden, ohne viel Arbeit auf Erden.
Dem ward' versprochen, so das Prinzip gebrochen,
einen Schatz würde er finden,
ohne sich dafür zu schinden.
Den Schatz würde er sehen,
nur weit in die Wüste müsse er gehen.
Anfangs eher versonnen, beklommen,
doch zurück würde er vergoldet kommen.
Mit ganz viel Wasser versehen,
so könne ihm nichts Böses geschehen.
Die Sonne sticht, der Gang wird bald schwer,
wo nur kommt dieser Reichtum her?
Halb ist der erste Tag schon vergangen,
die Angehörigen zu Hause sichtlich bangen.
Gen Abend noch kein Schatz gefunden,
vergangen sind viel ermüdende Stunden.
Am nächsten Morgen ein weher Blick,
die Wasservorräte gehen zurück.

Doch weiter, nur keine Zeit verschwenden!
Es wird sich alles zum Guten wenden.
Zum Mittag hin, der Gang wird matter,
er denkt zurück ans dumme Geschnatter.
Versprochen war ihm 'nen Schatz zu finden,
aber sollte er sich derart schinden?
Zwei Drittel vom Wasser abends schon fehlen,
wie gern würd' er irgendwo neues stehlen.
Doch weit und breit keine Menschenseele,
trotz lauter Rufe aus seiner Kehle.
Am dritten Tag die Entscheidung ansteht,
zurück oder ob's noch mal weiter geht.
Doch, egal ob's zurück oder nach vorne jetzt geht,
für beide Richtungen ist es längst wohl zu spät.
Auch euch geht es so, ihr lieben Leute,
auch ihr strebt fast blind nach einer Beute,
lauft einem Trugschluss hinterher,
jetzt umzudrehen, das wird wirklich schwer.

Die Zeiten zurückdreh'n

Die Zeiten zurück dreh'n,
am besten ganz aufhalten,
Gedanken wie diese, sie betreffen die Alten.
Gestern noch jung, die Zukunft weit offen,
stattdessen jetzt alt, von Wehmut betroffen.
Weit weg ist die Jugend, ihr befreites Gelächter,
im Alter wird leider das meiste nur schlechter.
Zu schnell sind verrauscht, die Liebe, die Jahre,
jetzt rückt bald schon näher das Bild einer Bahre.
Trauer beschleicht mich, beim trostlosen Blicken,
wo einst so viel da war, um sich zu entzücken.
Bleibt kaum noch was übrig, der Freiraum wird enger,
bloß leben im Jetzt, alles dauert viel länger.
Aus Action wird Weisheit und langsame Klarheit,
viel Wert auf Bewusstheit, das wird neue Wahrheit.
Ein Leben hat Zyklen, einst woll't man's nicht hören,
nur Spaß haben wollen, alles andere tät' stören,
Gesundheit uns bloß nicht für immer bleibt,
man wird sie verlieren, wenn früh man's arg treibt.

Ach, wie war früher alles so schön

Ach, wie war früher alles so schön,
auf sicheren Straßen konnt' man nachts geh'n.
Das Klima normal, keine Hitzerekorde,
die Menschen so strebsam, wann gab es mal Morde?
Gedreht hat sich's Leben, gemerkt hat's kaum einer,
die Ausbeutung beschleunigt, fast sind wir im Eimer.
Damals, ja damals war so vieles besser,
die Menschheit, so rennt sie ins offene Messer.

Kein Wasser im Norden, zu viel Regen im Süden,
es wird immer schwerer die Kurve zu kriegen.
Wir bau'n die Natur zu, auch die letzten Lücken,
die Überbevölkerung birgt recht große Tücken.
Wir müssten endlich zur Besinnung kommen,
das Tempo drosseln, viel Zeit ist verronnen.
Gründe gibt's längst schon die Richtung zu drehen,
denn in erste Abgründe könn' wir schon spähen.
Wann endlich setzt ein die Schlauheit des Geistes,
die Zukunft liegt in dir, ich sag' dir, du weißt es.
Versucht wird von vielen, den Zug noch zu stoppen,
die Regierung stattdessen versucht uns zu foppen.
Sinnlose Gesetze, mal jene, mal diese,
schafft kurze Beruhigung, jedoch keine Wiese.
Die Bewegung zum Guten,
wir sollten uns sputen;
aus unseren Herzen müsst' sie wohl kommen,
doch die Elite, sie hat uns die Chancen genommen.
Auf rettend' Gesetze, lang können wir warten,
zuvor ist zerstört schon längst unser Garten.
Auf, auf, meine Boten, wir satteln die Pferde,
zu retten, was da ist, wir bewahren die Erde.

Weil das Hauptproblem der Menschheit ...

Weil das Hauptproblem der Menschheit
ein Mangel an Liebe ist,
doch man dieses Faktum leider zu oft nur vergisst,
fehlt Toleranz und Gemeinschaftsgefühl.
Man spürt sich getrennt, and're gelten nicht viel.
Es herrscht Egoismus, man will immer mehr kriegen,
statt Verbundenheit zu suchen, will man and're besiegen.
Liebe vermag nicht abseits zu stehen,
wenn schlimme Dinge tagtäglich geschehen.
Die gesamte Welt als Familie betrachten,
den anderen das geben, wonach selbst wir oft schmachten.
Das Glück nicht mehr in der Außenwelt suchen,
das Stolzsein nicht mehr durch Reichtum verbuchen.
Das Bewusstsein verändern, es ganz neu auslichten,
wir würden von nun an von Wundern berichten.
Den Sinn auf Verbindung und Liebe lenken,
den anderen ehrliches Mitgefühl schenken,
das Denken verändern Stück für Stück,
das bringt dir dein göttliches Wesen zurück.
Wir können uns ändern, es ist nicht zu spät,
so dass es auf Erden doch gut ausgeht.

21 Nichts auf der Welt

Nichts auf der Welt kann allein existieren,
nichts auf der Welt ist voneinander getrennt.
Doch da wir dies wichtige Wissen negieren,
sich heute der Mensch nur noch sinnfrei verrennt.
Natürliche Rhythmen uns ewig begleiten,
dies anzuerkennen, das sollten wir tun.
Das gilt es zu lernen, am besten beizeiten,
im Grunde ganz einfach, das weiß jedes Huhn.
Läg' bei uns die Macht für uns selbst zu entscheiden,
wir hätten schon bald eine andere Welt.
Dann keiner auf Erden würd' weiterhin leiden,
die Nächsten zu stärken, das ist es, was hält.
Heut' gilt es die uralte Weisheit bedenken,
das Göttliche in uns jetzt endlich kapieren.
Das was wir erwünschen, sollten andren wir schenken,
so wird nur noch Freude im Herzen regieren.

Platz für eigene Gedanken ...

_____

_____

_____

_____

_____

_____

_____

_____

_____

_____

Zum Autor:

Nach einer Vielzahl von Fachbüchern hat Eckart Warnecke seine Freude am Dichten entdeckt. Bei seinen Themen ist er nicht auf bestimmte Bereiche festgelegt. Sein neues Hobby kam ihm in einem Oktober plötzlich in den Sinn. Deshalb auch der Bezug auf den Monat Oktober. Da seine Ideen nur so sprudelten, war der erste Band auch innerhalb eines Monats beendet. „Ich habe eben durch meine Arbeit als Therapeut eine unendliche Quelle an Ideen in mir." Logisch, dass deshalb auch seelische Aspekte, Nachdenkliches und Anregendes in Reime gegossen wurden. Es geht zwar manchmal auch ein wenig um die schwereren Gedanken, jedoch erhalten sie durch die Nutzung von gereimten Zeilen dennoch eine gewisse Leichtigkeit. Insofern benennt der Titel nicht nur eine Sehnsucht, sondern beschreibt auch, wie es Menschen gehen kann, die innerlich frei geworden sind. Die Unterschiedlichkeit der Gedichtschwerpunkte zeigt, dass für jede Leserin und jeden Leser etwas dabei zu finden ist.

Zum jetzigen Zeitpunkt besteht die Idee, in absehbarer Zeit mal zu jedem Monat einen Band herauszubringen, mal abwarten, was aus dieser Idee im Endeffekt wird.

Eckart Warnecke

Das Herzog-Ernst-Gymnasium 1969

Geschichte einer Schule im Umbruch
Rebellieren oder anpassen? Schulalltag in unruhiger Zeit

Initia Medien und Verlag

Die Geschichte einer Schule im Umbruch – Rebellieren oder anpassen? Schulalltag in unruhiger Zeit

Uelzener ,Lausbubengeschichten' aus dem damaligen Jungengymnasium. Die Zeit der ,68er' wird wiedererweckt. Das Ganze angereichert durch einige historische Begebenheiten aus der Zeit, als die Schule vor gut 50 Jahren in das heutige Gebäude umzog.

Wo gibt es das noch heute, dass ein Lehrer aus dem Fenster fällt und kurz darauf wieder auftaucht? Oder dass eine kleine selbstgebastelte ,Bombe' im Musikraum hochgeht? Und wer ahnt heute, dass das HEG erst durch ein Missverständnis zu einem ,Gymnasium' wurde?

Alles dazu finden Sie in dem aktuellen Buch.

ISBN: 978-3-947379-21-7

ISBN: 978-3-96051-274-5

Neuauflage „Reiki - Der zweite Grad"

Bei diesem Buch handelt es sich um eine Weiterentwick-
lung des Bestsellers ‚Reiki-Der zweite Grad'. 20 Jahre nach
dem ersten Erscheinen hat Eckart Warnecke hier in dieser
Neuerscheinung nicht nur die Ursprungsausgabe komplett
überarbeitet und aktualisiert, sondern durch mehrere
neue Kapitel erweitert.

Hinzu kommen aus aktuellen Anlässen Kapitel zu Themen
wie ‚Reiki mit Kindern', ‚Burn-out behandeln und verhin-
dern' oder auch ‚Die Angst vor Vergänglichkeit und Tod
überwinden'.

ISBN: 978-3-96051-853-2

Auf den Spuren berühmter Maler

„Den Kopf frei kriegen.
Von den äußeren Landschaften zu den inneren
Erlebniswelten. Von der Getriebenheit des Alltags hin zu
Ausgeglichenheit und innerlichem Frieden."

Bewusstseins-Transformation, die sich im Verlaufe der unterschiedlichen Tagesetappen allmählich einstellt. Eine spirituelle Selbstreflexion rundet den Textbogen ab und wirft gleichzeitig neue Ziele auf, denn: „Ein Ende muss nicht unbedingt das Ende bedeuten, sondern es kann genauso gut ein Neubeginn sein". Und dies ist letztlich die Botschaft des Buches...

ISBN: 3-8138-0410-0

Der zweite Grad

Eckart Warnecke geht auf die Grundlagen und Techniken ein und widmet sich dann dem großen Anwendungsspektrum von Reiki II:

- *Fernreiki*
- *Darmsanierung*
- *Mental-Heilung*
- *Reinigung von Wohnräumen*
- *Reiki-Dusche*
- *Auflösung innerer Blockaden*
- *Karma-Bereinigung*
- *Behandlung von schweren Krankheiten*

ISBN 3-8138-0370-8

Reiki in der Schwangerschaft

Dieses einzigartige Buch zum Thema Schwangerschaft
und Reiki vermittelt einen Überblick, wie man sich mit
Hilfe der ReikiKraft auf eine Schwangerschaft emotional
einstimmen kann, wie man sich und dem Baby während
der 9½ Monate immer wieder Heilenergie zuführen und
den Verlauf der Geburt erleichtern kann. Beide Autoren,
selbst Eltern von vier Kindern, gehen auch auf die Anwen-
dung von Reiki in bezug auf das Stillen, auf Kinderkrank-
heiten, Kaiserschnitte und Rückbildung ein.

ISBN 3-576-11317-7

Neue Chancen für die Liebe

Eine erfüllte Liebes-und Partnerschaftsbeziehung ist für
die meisten Lebenswunsch Nummer Eins. Die chinesische
Harmonie- und Energielehre kann dabei helfen, ihn zu
verwirklichen. Dieser illustrierte Ratgeber vermittelt Feng
Shui-Wissen anhand von Beispielen aus dem Alltag.
Fragebögen und Analysehilfen gehen individuellen Pro-
blemen auf den Grund, für die der Diplompsychologe,
Reiki- und Partnertherapeut Eckart Warnecke kompetente
Ratschläge und ungewöhnliche, aber wirksame Lösungen
anbietet.